JN438411

# 사막에는 뼈를 묻지 않았다

이 선 시집

오늘의문학사

국립중앙도서관 출판시도서목록(CIP)

사막에는 뼈를 묻지 않았다 : 이선 시집 / 지은이 : 이선.--
[대전]:오늘의문학사, 2014
p. ; cm. -- (오늘의문학시인선 ; 336)

ISBN 978-89-5669-624-9 03810 : ₩8000

한국 현대시[韓國現代詩]

811.7-KDC5
895.715-DDC21 CIP2014017887

# 사막에는 뼈를 묻지 않았다

## ❧ 들어가는 글

세 번째 시집을 짓는다.
유월처럼 늘 푸르고 청청하게 살고 싶지만
벌써 예순 다섯 번째 유월을 맞이한다.
어린 시절 명심보감을 읽어 주시고
사서삼경을 자장가로 읊어 주시던 아버지와
천자문을 가르쳐 주시며
별이 쏟아지는 여름밤에는 모닥불 앞에서
옛이야기를 들려주시던 어머니께서
시나브로 길러주신 감성이 시가 되었나보다.
부족하나마 지금까지 시와 함께 할 수 있어
언제나 가슴 뿌듯하고 행복하다.
시는 나의 생활이며 동반자라 했지만
이제 절필을 해야 할 때가 되지 않았나 싶다.
나의 시는 특별한 것이 아니라
늘 접하는 일상의 작은 떨림이다.

시다운 시 한 편 써서
독자들과 후손들에게 선물하는 것이
소박한 소망이지만
그러지 못하고 마무리 하는 것 같아 아쉽다.
그렇지만 그는 잊지 못할 연인과도 같기에
어느 날 갑자기 내 가슴을 또 파고들지 모른다.
지금까지 유유자적하며 살아갈 수 있게 해 주신
부모님을 생각하며 이 시집을 세상에 내놓고자 한다.
아무쪼록 이 글을 읽는 단 한 사람이라도
조금이나마 마음의 여유를 얻기 바란다.
또한 늘 옆에서 지켜봐 준 가족 모두에게 감사하며
시의 길을 안내해주신 강희안 교수님께도 감사드린다.

2014. 6. 23
이 선

●●● 차례

## 제2부 꽃들의 합성

## 제3부 희방사 가는 길

## 제4부 눈이 부신 날

# 제1부

## 그루터기

# 그루터기

한 방울 물기도 머금지 못한 채
수척한 모습으로 등산로 중앙에 웅크리고 있다
수십 년 그루터기의 수액을 빨아먹고 자란
그 무성했던 가지와 잎은 어디로 갔을까
뭉툭한 몸통만 남아 길목을 지키며
전기 톱날에 무참히 잘려나간
제 분신들의 소식이 궁금한지
무시로 지나가는 소슬바람을 불러들인다
붙박이로 박혀 옴쭉달싹 못 하는 그루터기
고달플 때마다 편안한 의자가 되어
산이 좋아 이 길을 가는 지친 다리까지
잠시 쉬어가라고 몸을 내준다
나뭇가지 사이를 비집고 들어오는 아침 햇살에도
아릿한 파장을 일으키는 새들의 울음소리
바스스 낙엽 뒹구는 소리로
나의 그루터기에 닿고 싶은 날이다

## 봄의 소리

저 나무들 좀 봐
모두가 구슬을 매달고 있어
겨우내 꽁꽁 언 몸에서
물을 퍼 올리기 시작하나봐
어젯밤 살금살금 다녀간 봄바람이
소곤소곤 귀띔을 해줬나봐
딱딱한 껍질 비집은 물방울이
가지 끝마다 위태롭게 매달렸어
이제 시작이야
펌프질을 해야 돼
그래야만 잎을 피우고 꽃을 피우지
하늘의 흰 구름 밀고 가던 바람이
가만히 엿보고 있어
체온을 몇 도로 올려 주면 좋을까
대견하다는 듯 갸우뚱 궁리 중이야
곧 칙칙한 옷을 벗어 내야지
연둣빛 옷이 잘 어울릴 것 같아
쇠아쇠아 봄볕 휘감은 가지 끝에
벌써 이파리 하나

뾰조록이 입 내밀잖아
지그시 눈을 감고
봄의 발소리 들어봐

# 사막에는 뼈를 묻지 않았다

와히바* 사막을 지난다
물너울 일렁이는 붉은 바다
깊은 수렁이 되기도 하고
사르르 흘러내리기도 하는 유사에
낙타의 무릎관절이 삐걱거린다
회오리바람의 꼬리를 잡고
몇 번이고 뒤척이지만
흩어졌다 모아질지언정
절대로 뭉치지 못하는 속앓이
그래서 영겁의 시간이 지나도
한 번도 뼈대를 세우지 못한다
때로는 성난 파도가 출렁이듯
수많은 사구를 만들다가도
바람의 농간에 놀아나
사르르 주름잡는 모래이랑
바람이 속을 뒤집을 때마다
형형색색 변모하는 풍문은
와히바 사막만의 기교다
바람에 부대끼다 힘겨우면

편편히 누워버릴지언정
사막에는 뼈를 묻지 않았다

* 중동 오만에 있는 붉은 사막

# 베데스다* 연못

도안공원** 음습한 곳에
'베데스다'라 명명한 연못 하나 숨어 있네

신 새벽에 들어갔는지
벌써 하늘도 나무들도
연못 속에서 하늘하늘 유영을 하네

아마도 예수님이 38년이나 된 중증 환자의 병을 낫게 해준
기적의 연못이라는 소문을 들었나봐
자르르 파문이 일렁거리자

새벽 산책을 나온 노신사도
어느새 그 소문을 들었는지
연못에 들어가 물구나무서서 걷고 있네

느티나무 가지에 간당간당 앉아있는 산비둘기도
연못에 풍덩 몸을 담그고
구구구 구원을 청하네

연못가를 거닐던 사람들이 하나 둘 모두
연못 속으로 들어가 하늘을 이고 걷네

발만 물속에 담그고 하얗게 웃고 있는 수련
제일 먼저 치유를 받았는지
옹기종기 모여 수런거리네

* 예루살렘의 '양문'곁에 있는 연못
** 대전서구 도안동에 있는 공원

# 침묵

무채를 썰다 손을 베었다
손을 감싸 쥐고
원망스런 눈빛으로
칼끝을 노려본다
바르르
눈꺼풀에 경련이 일 뿐
칼은 아무 일도 없었다는 듯

침묵할 뿐이다

상처를 낸 것은
칼날이 아니다
시퍼런 칼도
스스로 상처 내지 못한다
가끔
무 한 쪽 베지 못한 칼
밤새도록 간 적 있다

# 빈 패트병의 질주

빈 패트병이 아스팔트길을 질주한다
달리고 싶어 달리는 것이 아니라
난데없이 몰아닥친 회오리바람에
등 떠밀려 곤두박질친다
길 가장자리에 모여 수런대던 낙엽도
덩달아 아스팔트길로 위태롭게 달려든다
그러다가 차바퀴에 휘말려 으스러지기도 하고
몇 바퀴 회전 기술로 피하기도 한다
등 떠밀려 달리는 것이 어디 그들뿐이랴
한 평생 살아가노라면
수십 번 빈 병이 되어
목적지도 모른 채 달려 간 것이 한두 번인가
재수 좋은 놈은 다행히 재활용센터에 옮겨져
다시 태어나는 행운을 누리지만
대부분 시궁창에 굴러 떨어지기 일쑤다
오늘도 회오리바람보다 거센 세파에 휘말려
뚜르르 허방을 짚는 발걸음이 분주하다

# 메기매운탕

밤마다 저수지 밑바닥을 훑고 다녔어
얄궂은 강태공들은 온종일 물가에 앉아
나를 낚느라 해 가는 줄 모르는데
미끼인 줄도 모르고 넙쭉 낚싯바늘을 물었어
그들의 손아귀에 잡히는 순간
주르르 미끄러져 물속으로 잠적해 버렸어
미끄러운 몸매가 한 몫을 했지
그것도 한두 번 뿐이야
끈질긴 그들은 끝내 나를 낚아채
매운탕집의 수족관에 풀썩 던지면
반은 죽은 척 미동도 하지 못했어
주인이 뜰채를 들이미는 순간
몸을 둥글게 웅크려 보지만
그럴수록 뜰채 안으로 더 쉽게 들어가는 거야
서슬 퍼런 칼날에 아가미가 저며지고 내장이 발린 채
시뻘건 고춧가루와 갖은 양념으로 단장하고
펄펄 끓는 물에 몰캉몰캉 몸 풀면
여린 물고기들을 널름널름 잡아먹은 보속인가
식도락가들의 입에서 살점은 야금야금 씹혔어
예수만이 되살아나는 것은 아니야

누군가의 살집을 부풀려 다시 태어나는
부활의 영광을 하느님은 나에게도 주셨어
죽는다고 다 죽는 것은 아니란 말이야

# 무의 꿈

오래전의 일이다
황토흙 속에서 뽑혀 나온 순간
몇몇 친구들과 비닐 끈에 꽁꽁 묶인 뒤
오일장터 야채가게에 던져졌다

나는 그녀의 장바구니에 담겨졌고
이제는 토막토막 잘려 깍두기가 되거나
채채 썰리는 수박에 없는 처지가 되었다

매끄러운 몸매가 그녀의 마음에 들었는지
신문지에 돌돌 말리고 비닐봉지에 꽁꽁 싸여
냉장고 서랍 속으로 들어갔다

시간이 얼마나 지났을까
머리가 근질거리더니 잎이 돋기 시작했는데
그녀는 나를 꺼내 온몸을 쓱쓱 닦아
칼로 썩둑썩둑 자르는 바람에 우두망찰했다

그녀는 잎이 돋은 내 머리를 유리병에 정성껏 담았다
드디어 좁쌀만 한 꽃봉오리가 돋아나자
연보랏빛 꽃대 위로 작은 벌들이 내려앉았다

## 책가방을 든 여자

그녀가 책가방을 들고
아파트 출입문을 나서는 것은
어제 오늘의 일이 아니다
오래된 습관처럼
책가방이나 서류봉투를 들지 않으면
외출의 의미를 찾지 못한단다
어떤 날은 검정 가방이다가
어떤 날은 갈색 가방이다가
한쪽 어깨가 기울기를 달리해도
그녀는 가장 멋진 품새로 외출한다
어디 가는지 궁금한 사람들은
선생님이세요?
교수님이세요?
늘 물음표를 달지만
하는 일 없이 바쁘다네요
환한 웃음 한 방울 털어 놓고
또각또각 발자국 소리만 찍어 놓는다
성분이 불투명한 책가방 속에는
희미해진 과거와 오늘이 담겨 있다

번뜩이는 구두코에 맑은 햇살이
그녀의 하루를 데리고 동행한다

## 누수와 단수

누수와 단수는 떼어낼 수 없는 한몸이다
하늘의 물구멍이 열리면 누수
지상의 물구멍이 모두 닫히면 단수
누수와 단수가 빈번한 곳에서는
양동이를 든 사람들이 장사진을 이룬다

비뇨기과 진료실 앞 대기실에는
누수와 단수에 시달린 노년들로 북새통이다
오랫동안 열렸던 물길이 닫히면서
닫혔던 물길이 터졌는가
한 번 벌어진 보는 보수 공사를 해도
장마철이 되면 또다시 헐렁해지는 모양이다

한 여인이 보수 공사를 마쳤는지
푸른색 일그러진 얼굴로 서성인다
단수가 누수에게 밀렸는지
누수가 단수에게 쫓겼는지
단지 공사를 맡은 자만이 판단할 일이라는 듯
모두가 전광판에 눈을 꽂고 있다

물로 70%를 채우고 있다는 몸이라는 용기는
누수가 되어도 문제 단수가 되어도 문제
그 속셈은 그분만이 알고 있나보다
창밖의 하늘은 닫혔던 물구멍을 확 열어버릴 듯
시무룩한 표정으로 잿빛 구름을 깔고 있다

## 체머리 흔드는 이유

매서운 삭풍에도 의연히 버티던
나뭇가지들이 마파람 움켜잡고
혼신을 다해 진저리 친다
메마른 가지에 물을 펴 올리는가 싶더니
연둣빛 잎눈 톡톡 뱉어낸다
파르무레 온 몸을 가린 이파리
그렇게 요동치지 않고서는
알몸을 감출 수 없었으므로
밤낮 없이 흔들어댄 모양이다
아직도 바로서지 못하는 건
더 가야 할 길이 있기 때문이다
발끝부터 머리끝까지
끊임없이 체머리 흔드는 자만이
색색의 면류관 쓸 터이니
회리바람 불어올지라도
더 깊이 흔들리며 뿌리 내려라

## 고드름

물에도 뼈가 있다는 것 아는가 유유히 흐르는 것이 물이라 했는데 순하디순한 것이 물이라 했는데 바닥부터 채우는 것이 물이라는데 꽁꽁 얼어붙는 순간 그는 본성을 잃었나 보다

찬바람에 흐르는 자세를 멈추고는
바닥을 향해 서늘한 송곳을 내밀었다

# 천문산에 오르다

천문산[*]에 오르지 않고 산을 보았다고 말하지 말라
억만년 조물주의 교묘한 손길이 빚어낸 비경
천문산을 변명할 수 있는 말은 사전에도 없어
다물어지지 않는 입은 탄성을 울릴 뿐 눈으로만 말한다
하늘을 떠받친 기이한 봉우리가 봉우리를 업고
산이 산을 끌고 가며 병풍을 펼쳐 놓은 대협곡
수직절벽을 타고 천문산을 휘돌 때
귀곡잔도[**]에 홀린 듯 아찔아찔 현기증 일으킨다
벼랑 끝 간당간당 서 있는 단풍나무는
겁도 없이 새빨갛게 제 몸만 달구며 살랑댄다
굽이굽이 아흔아홉 굽이가
구절양장으로 펼쳐진 통천대로를 따라 오른 최고봉
장대한 돌봉우리에 시원하게 뚫린
저 천문동은 하늘로 통하는 문이던가
구백구십구 계단을 단숨에 오르고 보니
하늘은 저 멀리 달아나고 봉우리뿐이다, 산뿐이다
앞으로 봐도 뒤로 봐도 사방팔방 기암절벽이다
돌도 생명을 잉태한다는 성지
기암괴봉 사이마다 뿌리내린 나무들을 보라

끝이 보이지 않는 계곡에 뭉실뭉실 피어오르는 안개는
과연 밤낮 없이 뿜어낸 나무들의 입김이었던가
수천 선녀들이 굼실굼실 날개옷 펄럭이며
어둠이 천문산 봉우리를 통째로 삼킬 때만 기다린다
산이라고 다 산이 아니라는 것
웅대한 천문산은 억만년을 일갈하고 있다

* 중국 장가계 내의 성산. 1,528m
** 귀신이 다니는 벼랑에 만든 길이란 뜻. 약3Km 정도

## 문어의 입적

분명 냄비에 들어간 것은
꿈틀꿈틀 산 문어였는데
뚜껑을 열어 보니
그 놈은 오간데 없고
노스님 한 분
결가부좌 틀고 있다

날선 칼날이 바르르 떨렸다

## 꽃무늬

지난여름 입었던
하얀 면바지를 꺼냈다
구김살을 펴려고
다리미로 쓱쓱 문지르는데
엉덩이에 연분홍 꽃
한 송이 피어난다
분명 민무늬 바지였는데
의문의 꽃이 나를 노려본다
오오라 무심코 깔아뭉갠
이름 모를 들꽃의 혈흔이었구나
어슴푸레 어른거리는 가녀린 꽃잎
자초지종 따지려는 붉은 눈빛이다
안 그런 척 시치미 떼려고
락스에 얼른 담갔더니
억울하다는 듯 판박이가 되어
더욱 선명하게 살아난다
지울 수 없는 아픈 기억을 더듬는다
속수무책 속앓이만 하다가
이제야 불불 내뱉는
무언의 항변이다

## 관계

시도 때도 없이 앞장 서는 오른손 때문에 망가진 팔꿈치 가벼운 것이든 무거운 것이든 혼자서 들어 나르더니 삐그덕삐그덕 신음을 한다

그래도 못 들은 척 오른손은 불쑥 튀어나오기 일쑤다 수수방관하던 왼손이 슬그머니 끼어들어도 믿을 수 없다는 듯 오른손은 참견을 한다

한 70년 오른손으로 살던 그도 언제부턴가 조금씩 엇박자로 논다 늘 왼손이었던 아내는 인정하고 싶지 않은지 한 박자 늦는 것은 여전하다

왼손을 믿지 못하고 추썩대는 옳은 손 못 말리는 외고집이다 그의 앞날을 예측이라도 한 듯 하늘엔 무겁게 물먹은 뭉게구름 뭉글거린다

# 멸치

믹서에 사정없이 갈린다
위—잉 위—잉 굉음을 지르자
순식간에 풀썩 주저앉는다
한때 심해의 굵은 물살도
통뼈로 주름잡던 당당한 멸치
통발에 걸려 육지로 올라온 뒤
펄펄 끓는 가마솥에 목욕재개 하고
바닷바람에 젖은 몸 말리면서
다시 태어날 궁리를 한다
대가리 뚝뚝 떼어 버리고
속 내장까지 다 까발린 채
단단한 뼈로 일어서고 싶다
예수가 그랬지
한 알의 밀알이 썩어야 싹을 틔운다고
이에 씹히든 믹서에 갈리든
어쨌든 갈 때까지 가 보는 거야

# 제2부

## 꽃들의 함성

## 꽃들의 함성

북녘에서는 날마다 말 폭탄이 터지고
남녘의 여기저기서는 꽃들의 함성이 터진다
산수유 여린 꽃잎들이 웃어대니
개나리도 웃으며 따라 나선다
누가 먼저 제가끔 노란 소문을 퍼뜨렸는지
매화꽃 소식 따라 광양으로 가는 길
한량들의 행렬이 매화꽃보다 더 다글다글하다
동백은 물러서야 할 시기를 안 듯
고개를 푹 숙인 채 숨소리조차 잦아드는 한낮
우르르 몰려나오는 매화의 기습에 놀란 카메라
여기저기 셔터 누르는 소리가 투명한 햇살을 자른다
꽃샘바람에게 꽃송이 송두리째 다 털리는 줄도 모르고
백목련 너털웃음에 화편이 땅바닥에 널브러졌다
여기저기서 꽃망울 터지는 소리에 다급해진 진달래도
연분홍 입술로 요기를 흘리고 있다
아직도 꽃샘바람 물러설 줄 모르는 북녘을 향해
꽃들은 우아우아 함성을 지르며 북상 중이다

## 새우젓

토요장터 젓갈전에서 새우 한 마리 입에 넣으니
탱탱한 새우가 짭쪼롬 입맛을 당긴다
세상은 온통 물로만 채워진 줄 알았던 새우가
어느 날 그물에 걸려 육지로 올라와
가느다란 눈으로 푸른 하늘을 보려는 순간
온몸은 소금으로 덮여지고
큰 항아리에 담겨 토굴에 갇히는 신세가 되었다
젓도 젓 나름, 젓이라고 다 맛깔스런 것은 아니다
오젓, 육젓, 추젓이 제각기 맛 자랑을 하지만
살 오른 유월에 잡혀 천일염 옷을 두툼하게 입고
사늘한 광천 토굴에서
몇 달 푹 잠재운 육젓이라야 제격이다
한 번 염장으로는 상질의 젓갈로 탈바꿈할 수 없어
두 번째 염장을 질러 완전 봉쇄된 채
토굴 속 은둔 생활이 다시 시작된다
그래도 포기하지 않고 푸른 바다의 자유를 꿈꾸는 동안
새우는 서서히 익어가며 계절 하나 훌쩍 넘긴다
김장철이 되어서야 다시 빛을 보게 된 새우
뭐니 뭐니 해도 젓 중에는 육젓이 최고라는

아주머니들의 입담에 뽀얀 등살이 더욱 통통해진다
염장에 익숙해지지 않고서는
절대로 빛을 보지 못하고 빗나간다는 것
이미 등 굽은 새우는 알고 있는 것이다

## 달부장의 이력

사람들은 달걀이 살아 있다는 것을 모르나 보다 살이 베일 듯 차가운 냉장고에 가둬놓거나 내 놓을 만한 찬거리가 마땅치 않을 때만 불쑥 꺼내어 싱크대 모서리에 툭툭 쳐 깨버린다 지글지글 달아오른 후라이팬에 털썩 쏟아놓고 온 몸이 화상을 입고 오그라들 즈음이면 짜디짠 소금 술술 뿌려 뒤집거나 돌돌 말아버려도 앗! 뜨거워 삐악 소리 한 번 지르지 못한다 둥근 후라이나 길쭉한 두루마리가 된 나를 반찬 투정쟁이 다섯 살 꼬마는 후후 불며 통째로 덥석덥석 베어 먹는다 때로는 뚝배기에 동료들과 함께 휘휘 섞어 전자레인지에 비—잉 돌리면 찜이 되어 할 일 없이 빈둥거리는 사람들의 입 속에서도 사르르 녹아버린다 병아리로 태어나지 못하는 무정란은 부아가 치밀어 박치기를 했더니 물크덩 흩어져 얼굴마저 일그러졌다 끝내 독방에 회전의자를 차지하지 못한 달부장의 이력이다 툭 치면 이리 비켜서고 탁 치면 저리 비켜서고 어깨 구부러진 그는 그래서 퇴직 후에도 달부장이라 불린다 탁탁 쳐도 깨지지 않는 겉옷 한 벌 구해 입지 못했다는 궁색한 변명이다

# 백일홍

정원 군데군데 서 있는 배롱나무
새빨간 홍역꽃으로 온 몸을 달군다
꽃 한 송이 피어내지 못한 애솔나무
뾰조록한 입으로 햇살만 빨아댄다
여름 내내 폭염을 견디기는 마찬가진데
배롱나무만이 열병을 앓는구나
고열로 바삭바삭 입이 타오르던 어느 여름
온 몸에 홍역꽃 피워 올리던 어린 아이는
붉은 수수팥떡 한 시루 받아먹은 후에야
열을 식히며 꺼져가던 목숨 할딱거렸다
얼만큼 더 달아올라야 접힐 것인가
입추를 넘기고도 시들 줄 모르는 저 반란
백일을 채워야만 직성이 풀리려나
반지르르 윤기 나는 몸 야들대는 치마폭에
심술궂은 소낙구름 지나가다 쉬를 하면
더더욱 배롱배롱 피어나는 열꽃
유난히 무더운 여름 끝머리 홍역이다

## 끝물

베란다 영산홍이 단산을 하려나 보다
지난해까지도 하얀 꽃이 숭얼숭얼 하더니
올해는 영 꽃피울 생각은 하지 않고
연초록 이파리마저 성글게 나풀거린다

이제는 자양분이 다 빠져 달아나 버린 듯
더는 생산할 수 없는 몰골이다
화분을 쏟아 정원에 옮기려 하는데
가지 끝에 가녀린 꽃봉오리 하나 매달렸다

힘겹게 끝물로 터뜨린 파리한 꽃 한 송이
며칠을 견디지 못하고 낙화가 되었다
어머니의 끝물로 머리를 내민 나도
무시로 병원 문턱을 넘나든다

마흔에 끌밋한 끝물을 내 놓으시고
그 길로 단산을 하신 어머니
행여 넘어질까 험한 길 갈까 노심초사 하시다가
내 나이 마흔에 본향으로 가셨다

앙상한 영산홍 가지를 맥없이 바라보다가
따스했던 어머니의 야윈 손을 보았다
늦둥이 눈에 걸려 차마 눈 못 감으시던 어머니
아직도 영산홍으로 남아 곁을 주신다

## 갈매못 성지에서

순교자들의 고귀한 발자취 따라
갈매못 성지에 서 있네
목마른 말들에게 목을 축여 주었다는 갈마연
하늘의 말씀 전파하다가
망난이의 칼놀음에 반쯤 잘린 목으로
빨갛게 몸부림치던 모습 떠올리며
뭉클뭉클 갈증이 끓어오르네
백사장 장깃대에 목을 매달고 흘린 피가
영원한 은총의 샘이 되었다던가
타는 교우들의 목을 축여주는 갈매못
언덕 위 조촐하게 서 있는 성당에서
내려다보이는 백사장에
다섯 성인들의 순결한 얼굴이
생생한 염기성 바닷바람에 흔들리고 있네
그 바닷물에 차마 손조차 담글 수 없다는
주임 신부님의 울먹거리는 목소리
순례자들의 가슴을 적실 때

순명을 지켜보던 은빛 무지개*
햇살로 우리의 머리를 어루만지네

* 순교자들의 목이 장깃대에 걸리는 순간 짙은 먹구름 사이에서 다섯 개의 은빛 무지개가 그들을 비추었다.

# 창고대방출

문자 메시지가 하루에도 몇 건씩 뜬다
창고대방출, 사계절 모두 80%까지 세일

유혹에 끌려 헐렁한 지갑을 들고
사계절을 사러 백화점으로 향한다

이미 계절을 잃은 것들은 균일가
마네킹에 걸친 계절은 정상가

지갑의 두께는 풀죽은 계절에 안성맞춤이고
눈높이는 한여름 온도만큼이나 치솟았다

하늘하늘 부푼 마음마저 세일 당한 채
빈손으로 돌아갈 저 먼 길 본다

## 분꽃

어느 봄날, 세 살배기 손녀가
얼굴이 새빨갛게 힘을 주더니
제 기저귀를 쑥 빼들고
통통통 뛰어 도망치네
까닭을 모른 채 쫓아가던 할아버지
분꽃 씨 같은 까만 알갱이 몇 알
도르르 구르는 것을 보고
허허허 이놈 봐라 똥덩이네
밥을 제법 먹는지라 구린내 풍기지만
할아버지 코에는 달콤한 향기
보석이라도 발견한 듯 할멈을 부르네
할멈이 급히 달려가는데
이번에는 아기 주먹만한 인절미 하나
데구르르 할멈 앞으로 굴러오네
호호호 할머니 웃음소리에
아기는 덩달아 까르르 배를 불쑥 내미네
허허허, 호호호, 까르르
마주보고 웃는 얼굴
똥덩이에서 분꽃 한 다발 활짝 피네

# 울지마 톤즈[*]

눈물조차 메마른 척박한 땅 수단에
사랑의 전령사 파견 되셨네
그 이름 부르기 조차 가슴 떨리는
고 이태석 신부님
꺼져가는 생명의 불씨를 살리다가
천사들의 손을 잡고 승천하셨네
당신이 걸어오신 발자국, 발자국마다
푸석한 사막의 단비가 되어
그들의 눈망울을 촉촉이 적셨네
육신은 비록 한 줌 흙이 되어도
그의 영혼은 영원히 톤즈에 머무르네
수단의 아버지, 거룩한 이여!
천대 만대 빛날 그 이름이여!
당신이 뿌리고 간 사랑의 불씨가
머나먼 아프리카 수단 굳은 땅에서
꺼질 줄 모르고 활활 타오르네
빛과 소금이 되어 온 몸을 태우고 녹여
죽어가는 이에게 새 생명을
눈먼 자에게 빛을
배고픈 이에게 일용할 양식을 주시며

헐벗은 이에게 옷을 입히셨네
당신은 살아계신 예수님을 증언하고
하느님께 외면당한 줄 알았던 그들에게
하느님의 사랑을 보여 주셨네
수단에서 수단 방법을 가리지 않고 왔노라던
당신의 해맑은 웃음과 따뜻한 손길은
모든 이의 눈물샘을 한꺼번에 터뜨려
톤즈는 짜디짠 소금바다가 되었네
울지마, 울지마 톤즈

* 영화 제목 : 이태석 신부님의 다큐멘터리

# 전기 주전자

물을 끓이려고 스위치를 눌렀다
'푸' 바람 빠지는 소리를 내며 불이 반짝 들어왔다
1분 이내면 물을 거뜬히 끓여내는 불란서 제 주전자
언제나 콘센트에 꽂혀 맨 앞자리에 앉아있었다
눈부시게 번질거리는 스테인 주전자도
화려한 장미꽃 무늬 범람 주전자도
그 앞에서는 함부로 뚜껑 열지 못 했다
한참을 기다려도 미동도 하지 않고
멀건이 눈을 뜬 채 묵묵 대답이 없다
스위치를 껐다 다시 켜도 마찬가지다
제 딴에는 수명을 다했노라고 신호를 보냈는데
무심코 들었더니 이제 제 할 일 다 했나 보다
몇몇 해 동안 물을 끓여 국화차 녹차 홍차
온갖 차를 다 만들어 우아하게 내놓으며
모든 것을 제쳐놓고 사랑을 독차지 하던 그가
한낱 쓸모없는 플라스틱 통으로 추락했다
분리수거함에 그를 던지는 순간
한때는 목청껏 큰 소리 떵떵 치며
세상을 손아귀에 넣고 휘두르던 이들의 관이
화구 속으로 밀려들어가는 모습이 환하게 떠올랐다

활활 타오르던 야욕만큼이나 뜨거운 불구덩이에서
'퍽' 하며 한 줌의 먼지가 되는 육신
'푸' 숨 한 번 내쉬고 용도를 다해버린
목숨의 끝자락은 모두가 한 통로였다

## 저녁답 풍경화

하늘이 발갛게 눈시울 붉히는 저녁답
여윈 나뭇가지에 까치 한 마리
무슨 사연에 간당간당 흔들릴까

빈 둥지에는 바람만 가득 담아놓고
빛을 잃은 까만 눈망울은
이슬 한 방울 뚝 떨어질 듯 촉촉하다

아기까치의 새살거리는 소리 들리는지
목을 쑥 빼물고 까악까악 한 옥타브 올려
긴 부리는 어스름 허공에 슬픈 음표를 찍는다

저물저물 석양이 얼굴을 가리고
땅거미 살포시 그를 감싸 안자
그리움은 백중사리 바닷물이 되어
허기진 가슴에 넘실넘실 차오른다

드문드문 유리창은 불을 밝히고
하늘을 수놓던 별들이 어디로 갔는지 몰라
초승달만 지그시 실눈을 뜨는 저녁답

# 길

누군가가 먼저 지나가면 길이 생긴다
며칠 동안 기계 소리 요란하더니
새까만 길 하나 길게 누워 있다
보이지 않는 고개 너머가 궁금해
이른 새벽 그 길을 따라 나섰다
한 손에 부채를 들고 바람을 일으키며
서너 명의 노파들이 새벽잠을 이고
졸리는 발걸음으로 앞서 가고 있다
등굽은 고개 밑으로 터널이 나 있다
안개에 막혀 잠시 주춤거리다
그들을 따라 터널 안으로 들어섰다
벌써 아스팔트길을 뒤로 하고
산모롱이로 돌아서는 뒤꿈치가 멀어져 갔다
누군가 먼저 지나가 길이 있나보다
되돌아오는데 낯선 얼굴이 길을 묻는다
터널 너머에 길이 있다고
어느새 길잡이가 되어 안내해 주었다
자욱한 안개 속으로 희미하게 펼쳐지는
지난날의 길이 부끄러워지는 새벽
느린 걸음으로 길을 걷는다

# 용봉산에 오르며

살살대는 초여름 바람이 용봉산* 으로 발길을 재촉한다
아스팔트 임도를 따라 한발 한발 오르니
병풍바위의 단애가 눈길을 끈다
지름길을 뒤로 하고 골짜기를 따라 오르는데
자꾸만 멀어져 가는 바위가 온몸을 촉촉히 적신다
간신히 기어오른 바위 위에서 굽어본 예당평야
가슴을 시원스레 뚫고 발아래 펼쳐진다
실바람에 후끈 달아오른 몸을 식히고 눈을 돌리니
기기묘묘한 봉우리들이 제각기 뽐내고 있다
여기서 멈출 수야 있나
발길을 돌려 또 다른 봉우리를 탐낸다
오르고 내리기를 거듭하여 육각정에 다다르니
허허한 내포 신도시가 미래를 향해 꿈틀거린다
몸속에 도사리고 있는 세속의 찌꺼기를
녹음방초에 한 꺼풀 훌러덩 벗어 던진다
비탈에 미끄러져 엉덩방아를 찧으려는 찰나
소나무가 손을 뻗어 육중한 몸을 일으켜준다
얼마나 많은 사람들을 붙잡아 주었는지
껍질은 간데없고 속살만 만질만질하다
길게 뻗은 능선에서 숨을 고르며 오르는데

우뚝 솟은 악귀봉이 눈앞을 가로 막는다
가파른 철계단이 터질 것만 같은 종아리를
깎아지른 절벽 위로 한 계단 한 계단 끌어 올린다
오를수록 시야를 벗어나 하늘가로 도망치는 봉우리
정수리에 쏟아지는 햇살에 끌려 정상에 올랐다
용봉산을 모두 섭렵하고 싶은 욕망 이쯤에 내려놓고
아기자기한 기암능선을 한 눈에 담아본다
순간 애면글면 육십여 년 달려온 생의 파노라마가
한 폭의 대형 스크린으로 선명하게 뇌리를 스친다
여기가 그토록 갈망했던 무릉도원인가
시린 하늘을 닦으며 떠가는 때때구름 따라
잠시나마 물외한인이 되어본다

* 충남 홍성군 홍북면과 예산군 덕산면과 경계를 이루고 있는 산. 그 아래 내포 신도시 개발지로 충남도청사 신축 공사 중.

## 아들아, 내 아들아

— 천안함 영령들을 위하여

나라의 부름 받고 천안함에 올랐네
거센 물살도 마다하지 않고
의기양양하게 서해를 지키려 했네
봄을 물어뜯으며 앙탈을 부리는 꽃샘추위에
못다 핀 목련꽃 숭어리째 떨어지던 날 밤
바다를 들어 올리던 폭음과 함께
천안함의 꽃들은 우수수 쏟아졌네
캄캄한 바닷속으로, 속으로 묻혀 버렸네
땅과 하늘을 울리며 바다가 포효하자
어미의 가슴 갈기갈기 찢어졌네
아들아, 내 아들아 어질머리로 외쳐도
검푸른 파도는 시치미 뚝 떼고 함구불언이네
새순 돋고 꽃 피는 4월을 송두리째
풍랑과 우박, 빗속에 묻어버린 것은
아들을 잃고 남편을 잃고 아비를 잃은
슬픔이 하늘에 닿았기 때문이라네
바다 밑 어디엔가 가라앉은 애잔한 목소리
성난 파도 속에 휘말려 철썩철썩 가슴만 치네
바다에서 못다 펼친 시간들을
이제 하늘에서 활짝 피어 올려

온 세상 환하게 비추는 빛이 되라네
아들아, 내 아들아
어서 빨리 차가운 바다의 악몽을 털고 일어서
폭음도 어둠도 아픔도 없는 그곳에서
영원히, 영원히 살아라
만신창이가 된 천안함에 매달려
몇 날을 통곡하던 바람도 이제는 지쳤는지
잠잠하게 눈을 감고 일렁이네

# 겨우살이

지리산 등성이 나뭇가지에는 새 둥지 같은 연노란 꽃바구니 걸려 있다 잎마저 털어버린 앙상한 나뭇가지에 흡기를 깊숙이 박아놓았다 땅에 제 뿌리 내리지 않아도 물을 쭉쭉 빤다 빈 몸으로 서 있는 나무 뼛속까지 갉아댄다

엄동설한에도 남의 가지 끝에 붙어 엉기덩기 연둣빛 여린 잎, 연노란 열매 잘도 여문다 게다가 하얀 눈꽃을 이고 있는 모양새는 장관이다 경상도 전라도 뭇 사내들의 마음을 사로잡는다 사내들은 날다람쥐보다 더 빠르게 나무를 타고 오른다

날카로운 톱날에 베인 겨우살이 천리 낭떠러지로 풀썩 떨어진다 구멍 숭숭 뚫린 바랑에 갇혀 추녀 끝에 대롱대롱 두어 달 매달려 있으면 설렁설렁 바람 들랑거린다 따끈따끈한 가마솥에 예닐곱 번 뒹굴고 나면 요통, 무릎관절, 고혈압까지 다스린단다

까치, 비둘기 그 열매가 좋아 콕콕 쪼아 먹는다 끈적끈적한 점액질에 종자 꼭꼭 싸 참나무 가지 끝에 붙인다 인심 좋은 참나무 언 땅에 뿌리박고 물 길어 올린다 겨우내 겨우살이 곱게 곱게 키워 다음해 새들의 양식 마련한다

아무리 맵다 해도 겨우살이 북풍받이만 하랴 살풍에도 잎 피우고 꽃 피우고 열매 맺어 새들의 양식 된다 고소한 차 한 잔은 사람들의 통증을 확 풀어준다 누가 그를 기생성이라 여기는가 겨우살이만큼 굳은 결정 지닌 자 있으면 나와 보란다

# 숲속 작은 집

숲속 작은 집에
더위를 깔고 큰 大자로 누워봐
까만 밤하늘이 샛노란 별무리를
방안 가득 삼태기로 쏟아붓잖아
도심의 별들도 오늘은
이곳으로 모두 피서를 왔나봐
방안을 엿보던 굴참나무는
사르륵사륵 바람과 함께
유리창에 수묵화 한 점 걸어 놓았어
계곡의 물소리에 취해
사르르 잠을 청하는데
무슨 투정일까
미움미움 미워 목이 쉬도록
목청을 돋우는 매미
삼복더위가 뒷걸음질 치는 야밤
뜨겁게 풀무질 하는데
아직도 제 짝 찾지 못했나봐
빛이 있어 그리움 차오르고
어둠이 있어 살아 있다고

별들은 조근조근 귀에 대고 속삭여
숲속 작은 집에
더위를 깔고 큰 大자로 누워봐

# 복날

보신탕집 앞에 고급 승용차가 장사진을 이룬다 칠월의 태양이 이글거리기 시작하면 목숨을 담보하는 그들, 날이 뜨거울수록 몸값은 상승한다 아야! 소리 한 번 내지르지 못하는 개들의 눈망울은 이미 죽음이다 초점을 잃고 길게 빼문 혀끝에 눈물을 매단다 가마솥에 장작불로 물컹하게 맥을 놓은 보신탕 한 그릇으로 맥을 찾고 오는 길 -교통사고 난 노인의 몸값은 개 값이라 하는데 이거 어디 억울해 살겠나 -개값이라니요? 요즘 개값은 금값이라는데요 주고받는 개 짖는 소리 같은 이야기다 개라고 함부로 말하지만 그도 몸매에 따라 값이 다르다 비개가 얇고 날씬한 누렁이 값은 더 올라간다 욕심껏 먹고 뒤룩뒤룩 살만 찐 도사견은 제 무게값도 못 받은 채 끌려가기 일쑤다 값이 더 비싸면 무슨 대수냐 복날 개 끌려가듯 끌려가는 개가 되어야만 알 일이다 개들이 생의 끝자락을 움켜쥐고 숨을 할딱이는 한낮, 땡볕이 아스팔트길을 하얗게 달군다

# 제3부

# 희방사 가는 길

# 오서산을 오르며

까마귀와 까치마저 온데간데없는 날
은빛 머리 빗어 내리는 오서산*에 오르네
손 뻗으면 잡힐 듯 가까운 하늘이
오를수록 높이높이 달아나네
휘휘 산허리 감고 올라오는 억새꽃 숲
연인들의 사랑을 토닥이며
후들거리는 다리 쉬엄쉬엄 정상으로 당기네
자갈돌 흙먼지 풀풀 풀럭이던 바람은
서해를 가뿐하게 안고 올라와 펼쳐놓았네
쏟아질 듯 바닷물에 젖은 하늘 따라
사방팔방 가슴을 뻥 뚫는 오서산
홍성, 보령, 청양을 한눈에 가득 담아주네
내리막길 막아선 진홍빛 단풍나무
오르는 길 숨 고르느라 보지 못한 불꽃으로
깊숙이 숨어 누구의 숨결 가쁘게 사르려나
며칠을 떠들던 한파주의보 때문인가
철푸덕 선지라도 한 옹배기 토해낼 듯
마른 낙엽은 갈바람 돌돌 말아 굴러 내리네

* 홍성군, 보령시, 청양군의 경계에 위치한 오서산은 홍성지방에서 제일 높은 산으로 예부터 까마귀와 까치가 많아 오서산이라 불림.

## 지리산 산신제

화갯골 사람들이 웅성웅성 모여든다
반지르르 기름기 흐르는 검정돼지 한 마리
앞다리가 묶인 채 회초리로 엉덩이 툭툭 채이며
마을 회관 앞마당으로 끌려간다

죽음을 예견이라도 했는가
꾸-울 꾸-울 목줄을 끌어당기는 애잔한 소리
동네 아낙들이 김이 풀풀 나는 가마솥에서
펄펄 끓는 물을 널벅지에 퍼붇는다

어느새 주검이 된 돼지는
널벅지에 담겨 이리저리 굴려지고
시퍼렇게 날선 칼들이 검은 털을 긁어대더니
뽀얀 속살을 드러낸 알몸뚱이 소리조차 빨아드렸다

산 중턱에 준비된 제사상에 납작 엎드린 통돼지는
꼬리를 치켜들고 해탈이라도 한 듯 지그시 눈 감고
쫑긋 세운 귀와 펑 뚫린 코와 다물지 못한 입에
지폐 몇 장 끼워 넣고 넙죽넙죽 큰 절 올린다

돼지가 죄를 지었다면 화갯골에서 태어난 것뿐인데
말 못하는 돼지가 지리산 산신령께 뭐라 속죄했을까
뼈만 추려놓고 돼지의 살점을 어구적어구적 씹으며
사람들은 지리산을 통째로 꿀꺽꿀꺽 삼킨다

# 하향길

바람아 울지 마라
누군들 울음 주머니 하나쯤
가슴에 묻지 않은 이 있겠느냐
밤을 지새워 윙윙 울며 발버둥 치더니
새벽녘에서야 흥건하게 눈물 쏟아 놓고 잠들었구나
간밤에 떨어진 풋과일도 네 탓은 아니다

바람아 슬퍼하지 마라
탱탱한 젊음을 한꺼번에 훔쳐간 서해도
아무 일 없었다는 듯 시치미 떼잖니
수년간 병석에서 연명하고 있는 오라비도
고희를 넘겨 본향으로 갈 채비를 하는 엉아들도
차마 비켜 갈 수 없는 길이란다

바람아 생각을 마라
밤새 통곡한들 누가 알겠느냐
땅을 비집고 나오는 여린 것들이나 키우려무나
누구나 온 길은 되돌아가야 하는 일
하향길이 험하다 한들 걸어 온 뒤안길만 하랴
가는 것도 오는 것도 네 탓은 아니다

# 빈집

기우뚱 기울어진 집 한 채

어림잡아 70년은 더 견뎠을
저 부실한 기둥

아직은 30도를 유지하며
반쯤 열린 문으로 드나드는 바람

숭숭 뚫린 뼈 속 마디마디
서걱거리는 그리움

묵은 잡풀 속 빈집이다

## 낙엽 1

바람이 돌돌돌 보도블록을 휘돌고
밤새 품속에 바람만 품었던 나뭇잎들은
몸을 뒤척이다가 그만 낙하를 하네요
그걸로는 성이 차지 않는가
폐암 말기인 그녀의 목덜미를 가로챈 채
하얀 목련꽃 같은 미소만 남기고
바람은 훌쩍 하늘로 잠적해 버렸네요
까만 정장의 사나이는
차마 웃음을 멈추지 못하는 그녀를
액자 속에 가두어 가슴에 끌어안고
뚜벅뚜벅 발걸음이 무겁네요
시린 가슴에 그리움만 채워놓고
낙엽이 된 지 삼일이 되었다는 그녀는
아직도 나를 보고 미소짓네요

## 끈

외출이 잦은 그가 오늘도 등산화 끈을 조이며 '나 없어도 골고루 잘 먹어' 한 접시 말보시를 하고 휭 하니 현관을 나선다

가스레인지 위엔 아침에 먹다 남은 된장 냄비가 덩그렇게 외돌아 앉아 있다

# 라텍스 소동

중국 여행에 감초인 라텍스 쇼핑센터에 들렀다
닳고 닳은 입술로 설명하는 여자의 말에
매장에는 한국인 관광객들로 북새통이다
예쁜 조선족 아가씨들의 상큼한 미소가 홍정을 부추기는데
한 수 위인 듯 까칠한 언니 하나 메모지 들고 나타난다
한참 동안 경매장을 방불케 소동을 피더니
그 가격은 당치도 않은 가격이라며 입에 거품을 문다
누가 고객이고 누가 주인인지 뒤바뀌는 순간
한통속인 가이드의 추임새에 순진한 코리안들 넘어간다
매트 한 장 값에 덤으로 얹어준다는 베개 수만 늘리다가
턱없이 부르는 값을 깎아야 된다는 상식을 놓친다
절대로 외국에 가서 호주머니를 열지 않겠다던 결심은
고객을 흡인하는 상술에 스르르 풀어지고
저마다 양손에 버거운 보따리 흐뭇한 표정은 잠시 뿐
— 외국에 와서 물건 사면 바로 후회라니까
— 맞아, 우리나라 물건보다 더 좋은 것은 없지
쇼핑센터를 나서며 주고받는 대화는
무거운 짐에 후회를 곁들여 어깨가 축 늘어진다
옹기종기 들고 나오는 물건의 무게는 똑같은데
꼬리표처럼 부착된 영수증의 무게는 제각기 다르다

덤 속에 도사린 속임수에 휘말린 똑똑한 얼간이들
한국인의 매장이라는 믿음에 허기가 더해
즐거웠던 여행길 돌아오는 발걸음이 터덕거린다

## 낙화

화르르 목젖 보이도록 웃어젖히던 꽃들이
세찬 비바람에 흠뻑 고개를 숙였다
한 며칠은 언덕배기를 뻔죽거리며
불을 지르고 거슬러 올라가더니
막무가내로 후리는 흘레바람 앞에서는
미색도 접힐 수밖에 없었나 보다
떨어질 듯 말 듯 실낱같은 꽃술에
대롱대롱 매달린 꽃잎 사이로
수선화를 닮은 친구의 얼굴이 어른거린다
주렁주렁 링거 팩에 목숨 줄을 걸어 놓았던 그녀
생의 코스는 모두가
이렇게 가느다란 줄에 매이는 일인가
까맣게 타들어가는 입술을 적시느라
　방　방 떨어지던 수액에
마지막 생을 부려놓았는가
시리도록 동강난 파란 하늘이 적막하다

# 카멜리아

카멜리아 언덕을 걷는다
살바람 받아먹고
빨갛게 상기된 볼때기
건드리면 새빨간 피
왈칵 쏟아낼 듯
꼭 앙다문 꽃봉오리
차마 눈부셔
바라볼 수 없는
저 산드러진 자태
무슨 사연인지
서둘러 떨어져
물 위에 동동
치마폭 펼쳐놓은
겨울의 여왕 카멜리아
아득히 먼 옛날
절개 곧은 여인의 넋이던가
떨어져도 매무새 흩어지지 않고
다소곳이 송이째 엎딘
요설한 정상이다

# 희방사 가는 길

소백산 중턱에 터를 잡은 희방사 찾아
꼬불꼬불 울퉁불퉁 돌길을 걷네
절로 흐르는 희방계곡의 물은
좔좔좔 줄줄줄 절로 불경을 외고 있네
그 소리 따라 오르고 올라도
보이는 것은 초록빛 숲뿐이네
유월의 폭염은 숲을 헤집고
눈이 허방인 줄 아는가
짜디짠 체액을 주루룩 짜고 있네
계곡의 돌만큼이나 닳고 닳은
무릎 관절이 어기적어기적 투덜대는데
— 절로 가면 어디래유?
— 절로 가면 절로 가지유
— 그것 보러 이렇게 간대유?
— 절에 가서 절하면 극락왕생 절로 한데유
초로의 충청도 아줌니 구수한 말이 그럴싸하네
돌부리에 채이고 채이며 올라보니
암벽에 걸쳐 물구나무선 희방폭포는
비취빛 작은 소(沼)에 머리를 풀고
득도한 지 오랜 지라 절로 목탁을 치며

가는 이의 발길을 잡고 있네
탄산음료처럼 톡톡 튀는 물방울
금세 화끈거리는 등판을 오싹 씻어 내리니
희방사 오르기도 전에 절로 극락에 다달았네

## 낡은 밥솥

오랜 동안 구수한 밥을 지어
침샘을 자극하던 밥솥이 병이 났다
얼마 전부터 목구멍에 가래가 끼었는지
그르렁거리며 헛구역질만 해댄다
억지로 공기구멍을 비틀어
수증기를 빼고 뚜껑을 열면
입을 꼭 다문 채 좀처럼 열리지 않는다
그도 유효기간이 다 되었나 싶어
이참에 새로 살까 하다가
서비스 센터에서
부품 몇 개 바꾸니 새것이다
잘 고쳐진 밥솥에 밥을 지어도
된밥, 진밥 제멋대로다
유효기간이 가까워 온 것은
밥솥뿐이 아니라 아내라는 걸
도통 눈치 채지 못하는 남편은
식탁에 앉기만 하면
자르르 윤기 나는 밥 타령이다
오래전부터 낡은 밥솥이 된 아내는

그의 투정을 귓전으로 흘린 채
투덜투덜 푸념 한 줌 털어 넣고
질펀한 잡곡밥을 지어놓는다

## 여숫골 성지에서

여숫골*에 질펀하게 누워 있는 자리갯돌 앞에
두 무릎 꿇고 고개를 조아렸네
타작마당에서 볏단 패대기쳐 알곡을 털듯
돌 위에 사람을 자리개질 쳤다네
주검이 산을 이루고 핏물이 냇물이 되었다는
하느님을 믿는다는 일
주리가 틀리듯 오금이 저려오네
산 채로 자리개에 묶여 둠벙에 던져 거꾸로 박힌
그들의 유골은 죽어서도 눕지 못했다네
비가 오면 아직도 혈흔이 살아난다는 돌
사정없이 메치는 자리개질로
머리가 으스러지고 가슴이 바스러져
이름조차 거두고 사라져간 그들
대대 후손들의 가슴에 결코 죽지 않았네
신앙의 알곡으로 우리의 밥이 되신 영령들이여!
당신들이 목숨 바쳐 뿜어 올린 순교의 피는
온 세상 환히 펼치는 꽃이 되었네
지금도 자리갯돌에서 진둠벙**에서
'예수 마리아' 외치는 통곡의 소리 환청으로 들려

차마 발길 돌릴 수 없어
여숫골 자리갯돌 앞에 두 무릎 꿇었다네

* 해미순교성지
** 순교자들이 산 채 묶여 거꾸로 던져진 둠벙

## 성모성월에

연둣빛 싱그러운 초목들이
파란 하늘을 가벼이 이고 있는 5월
당신의 고운 얼굴 바라보면
마음이 저절로 파래져요

외로울 때나 힘겨운 날에도
당신 앞에 앉아 응석을 부리면
언제나 다섯 살 착한 아이가 돼요

육갑을 넘긴 지 오래이나
당신 앞에서는 철부지가 되어
포근했던 어머니 품안에 안기듯 안겨
환하게 웃고 울고 싶어요

그럴 때마다 한 번도 마다하지 않으시고
포근히 안아 주시는 당신을
때로는 마음 아프게 해드리네요

오늘 밤 우리는 모두 한 자리에 모여
이 밤을 환하게 밝혀주는 촛불처럼

세상을 밝히는 당신의 딸로
새롭게 다시 태어나고자 해요

쓸쓸하고 병들고 방황하는 마음을
어머니 앞에 쏟아놓고
한 송이 장미꽃으로 피어나고 싶어요

한없는 사랑으로
미운 사람 고운 사람 가리지 않으시고
골고루 채워 주시는 만인의 어머니
마리아, 성모 마리아여!

## STONE FISH

인도의 해안지역에는 스톤휘쉬가 늘비하다

독성이 강한 그놈은 바위 모양으로 웅크리고 있다가
먹이가 될 만한 것들이 지나가면
순식간에 입을 쩍 벌리고 단숨에 꿀꺽 삼켜버린다

어디 그뿐인가
바위 같은 등에 날카로운 지느러미를 곧게 세워
지나가던 물고기들에게 상해를 입히거나 죽인다

하굣길에는 인간 스톤휘쉬가 불쑥불쑥 나타나
신바람 나게 길을 가는 물고기들을 낚아채어
자취도 없이 사라지는 일이 종종 일어난다

쪽빛 바닷속을 여린 물고기들이 마음껏 유영하도록
겉보기에는 친절한 이웃집 오빠이거나 아저씨가
지독한 납치범이라는 걸 아이들은 알까

평화로운 바닷가에 위장 입주한 스톤휘시
텔레비전 화면은 늘 흐린 날씨만 보도하고
애꿎은 경찰들은 허둥지둥 허공에 투망질한다

# 낙엽 2

건양대 병원 앞 승강장에
싸르르 낙엽이 구르네
그 많은 친구 다 어디에 있나
낡은 벤치에 널브러져
셔틀버스 기다리는 이들
까맣게 말라 비틀린 채
연둣빛 여린 시절 그리는가
지나가던 바람 한 점
푸석푸석한 어깨 토닥이는데
삭정가지 같은 몸짓으로 남아
어디로 가고 있는 것일까
뱅그르르 몸 뒤척일 때마다
속으로, 속으로만 잦아드네

# 꽃게

농수산 시장에서 꽃게를 샀다
가을에는 수놈이 제철이라며
집게로 게발을 꿰찬 꽃게장수 아주머니
어물전이 들썩이도록 목청을 돋군다
이곳을 빠져나가는 순간
억센 게 이빨도 무용지물이라는 걸 알았을까
서로의 발을 물어뜯으며 난투극을 벌인다
피 한 방울 흘리지 않는 살벌한 몸싸움
박스에 꾸역꾸역 담아
스카치테이프로 봉한 뒤에야
옆걸음질 쳐도 탓하지 않던
갯벌이 그리운지 죽은 듯 잠잠하다
함지박에 쏟아놓자 되살아난 본성으로
잠시 후면 잘려나갈 엄지로
서로 억척같이 물어뜯고 있다
가위로 싹뚝싹뚝 배꼽마저 떼일
꽃게들도 소속 정당이 있나보다

## 모피

찬바람이 일자
백화점 진열대가 폭신해진다

밍크 모피가 아니라도
털 달린 겉옷 하나쯤은 걸치고 싶다

눈밭을 알몸으로 뛰며
겨울을 버틴 오기
시린 손을 끌어당긴다

몸에 걸쳐 보고
목에 걸어보지만

늘 문제가 되는 것은
털의 출처가 아니다

목에 동그라미를 많이 걸수록
목이 따뜻하다

# 제4부

# 눈이 부신 날

# 눈이 부신 날

창문을 열어 봐
풀풀 날리는 눈이 어두운 밤을 삼켰어
겨울이 지나고 봄이 온 것을 잊었는지
눈들은 눈이 보이지 않나봐
어느새 차들을 하얀 국화송이로 장식했어
이제 그만 눈들을 싣고 가려나봐
장의차들이 주차장에 널브러졌어
철없는 찬바람은 머리칼을 세우고
아직도 눈발을 길게 치고 있어
방향도 없이 너풀대는 눈송이에
눈이 시려 눈을 볼 수가 없잖아
숨을 멈추고 가만히 들여다 봐
차곡차곡 쌓이는 눈 속에
새싹들이 눈 뜨고 있다니까
그러니까 이제 그만 뚝
눈물을 머금고 느릿느릿 꾸물대는 봄
목련이 꽃눈을 터는 칠흑 같은 밤
옥양목으로 말아 올리는 눈, 눈이 부시네

# 허물의 자리

성경 공부를 마치고 따끈한 찰밥집을 찾았다
막 성당문을 밀고 나왔다는 사실을 까맣게 잊었는가
푸짐하게 차려진 밥상 앞에 앉자마자 시작한 수다
늘 비비적거리며 사는 남편과 그의 피붙이가 단연 우선순위다
수십 년 시집살이 굽이굽이 서린 한이 혀끝에 말려
누에고치 실 풀리듯 술술 풀어 놓아도 끝이 없다
입이 후끈 달아오르도록 까발려
껍질이 밥상 위에 수북이 쌓이는 동안
따끈한 순두부찌개는 열기를 덜어내고
찰밥은 더 찰떡 들러붙어 떡이 되었다
가만히 듣고만 계시던 하느님이
슬그머니 자리를 함께 하시니
벗겨놓은 허물이 하나하나 제자리로 되돌아간다
오전 내내 성경 말씀으로 마음을 정갈하게 씻고 온 그들도
허물을 벗기지 않고서는 도저히 용서할 수 없어
일단은 벌거숭이가 될 때까지 벗겨놓고 보는가 보다
— 저희에게 잘못한 이를 저희가 용서하오니 저희 죄를 용서하시고
주의 기도문 한 구절 되새김질했는지
가시를 세운 혀가 차츰 온기를 찾아 녹록해진다

사랑은 사랑으로, 미움은 미움으로
되돌아온다는 깨우침이 번뜩 뇌리를 스치는 순간
구수한 숭늉이 몇 십 년 꽉 막혔던 가슴을 펑 뚫는다
— 제 탓이오, 제 탓이오. 저의 큰 탓이옵니다
통회의 기도로 자신의 허물을 겹겹이 벗어놓은 빈 밥상에
비로소 하얗게 피어오르는 이팝꽃 환하다

## 봄이 오는 길목

꽃신 신은 봄이 살금살금 찾아든 정원
은빛 햇살 팔을 길게 뻗는다
앙상한 산수유 우듬지 어루만지며
터질 듯 말 듯 탱탱한 꽃망울에
따스한 온기 한 줌 불어넣고 있다
아직 이파리 피워내지 못한 목련나무 가지에
까치 두 마리 봄소식 물어다 놓고
바람은 신바람 나 이리 기웃 저리 기웃
마른 나무껍질 사이를 비집고 들낭날랑댄다
구름도 비켜가는 한낮의 하늘은
한층 더 높이 발돋움하고 있다
병아리 주둥이만큼 뾰조록 내미는
산수유 꽃눈은 바깥세상을 탐한다
언제쯤 터질까 저 앙다문 입
두드러기 일듯 올망졸망 매달린 꽃망울
가지는 간지러워 온몸을 비비틀고
꼼지락꼼지락 물을 빨아올리는 여린 뿌리는
의연하게 잔설을 밀어내느라 안간힘을 쓴다
메마른 나뭇가지도 바람의 농간에 놀아나

새순을 톡톡 틔우는 봄이 오는 길목
차디찬 서릿발이 성급하게 뒷걸음질 친다

## 그릇의 등급

모자를 벗긴 채 짜디짠 소금물에 온몸 절이며
종일 땡볕에 앉아 있는 일상이 싫었다
어느 날 갑자기 날아 든 돌멩이에
쩡 하고 몸이 갈라지고서야 그 자리를 벗어났다
여기저기 시멘트 반죽을 덕지덕지 바른 다음
주둥이를 철사로 꽁꽁 동여매고서야
그의 거처는 장독에서 광으로 옮겨졌다
댕댕이덩굴로 터진 몸을 얽은 함지박
노끈으로 총총 꿰맨 찢어진 말바가지
굵은 실로 예쁘게 지은 조롱박까지
모두가 사연을 안고 오밀조밀 모여 있다
한과를 담은 대바구니는 천정 높이 매달아 놓고
대들보엔 곶감이나 대추를 담은 동구리
그들의 신분은 원래 고고했기 때문이다
젖는 일이 본업이었던 테메운 항아리나 낡은 함지박은
바닥에서 허드렛것을 끌어안고 있다
마른 그릇이 된다고 다 귀한 것은 아니다
차츰 마른 그릇이 되어가는 그도
여기저기 메우러 다니기 바쁘다

금가지 않고서는 결코 마른그릇이 될 수 없었던 항아리
창틈을 비집고 들어오는 햇살 한 가닥이 그립다

## 오월의 기도

어머니, 성모마리아여
5월의 햇살이 이토록 따사로운 것은
당신이 오시기 때문입니다

초목이 나풀대고 꽃들이 활짝 웃는 것은
당신을 맞이하는 의식입니다

어머니, 성모마리아여
새들이 지저귀고 벌 나비 나부대는 것은
당신을 찬양하는 몸짓입니다

온갖 동식물이 그토록 당신을 반기는데
하물며 당신의 자녀인 저희가
어찌 환호하지 않으리오

기쁨이 가득 넘치는 오월
해마다 새롭게 오시는 이여
당신을 바라만 보아도
온갖 시름 다 잦아듭니다

어머니, 성모마리아여
언제나 밝은 빛으로 저희에게 다가오시니
어둠을 헤치고 나가는 길이옵니다

복잡한 세상에 찌들어 연약한 영혼
어머니의 온화하신 미소로 위로 받고자 합니다

이 밤 모두가 촛불 밝혀 들고
밤하늘을 아름답게 수놓는 별이고파
간절히 기도드리는 것입니다

어머니, 성모마리아여

## 강천산*

정작 물들어야 할 나무들은
발그무레 등성이 따라 하산 중인데
성급한 상추객들만
우수수 쏟아져 나온다

아직 단풍들지 않은
탱탱한 종아리들과
물신 단풍든 훌렁한 종아리들이
서로 얽혀 산책로가 북새통이다

간간이 설익은 가을이
찰칵찰칵 카메라에 담기고
은빛 비단뱀이 구불구불 내려오듯
절벽을 타는 구장군폭포 장관이다

나뭇잎보다 먼저 단풍든 취객들은
갈之자로 홍청거리고
조바심 난 소슬바람만
하르하르르 한 철을 접는다

* 전라남도 강천산군립공원

## 현충원 둘레길

현충원 둘레길을 둘레둘레 걷는다

한때는 울창한 숲을 평정했을 통나무
둘레길 난간에 나란히 누워 있다
푸르렀던 꿈 모두 접어놓고
거무죽죽한 몸통에 쩍쩍 갈라진 틈새로
파르스르 물색없이 이끼가 돋아있다

그녀의 산책길에 길라잡이였을 한 사내는
쌍지팡이에 몸을 의탁하고 비실비실 뒤따라간다
정정했던 계절은 기억 너머 저편으로 사라지고
여인의 재잘거리는 소리를 외면한 채
대숲은 소갈머리 없는 바람에 등 비비며 운다

등산화 밑창에 밟힌 자갈돌의 신음소리가
사브작사브작 귓전에 머뭇거리는데
구슬프게 우짖는 저 새는 무슨 사연일까
못다 핀 청춘의 한 서린 둘레길
칠월의 폭염도 아랑곳없이 등덜미가 서늘하다

현충원 둘레길을 둘러둘러 돌아본다

# 밤송이

낙하를 서두르는 가을 산길을 간다
무심코 걷는 발등을 콕 찌르고
데구르르 구르는 밤송이
살짝 벌어진 틈새로 헤집어 보니
해맑은 하늘에 눈이 부시다
등산화 밑창으로 지그시 누르고
손가락으로 조심스레 더듬자
탱글탱글 여문 밤톨이 톡 튀어 나온다
여린 알갱이 하나 품어 안고
행여 그를 해칠세라
초여름부터 뾰족하게 길러온 가시
태풍의 위력에도 끄떡없이 견딘 그가
스스로 몸을 내던지는 까닭은 무엇인가
가시로 꽁꽁 끌어안은 시간들
이제는 인연의 끈을 놓아버릴 때다
먼저 알갱이를 쏟아낸 껍질들이
비탈진 곳에 소보록이 모여앉아
도란도란 돌아갈 길을 의논한다
손에 꼬옥 쥔 맨질맨질한 알밤

더 이상 가시를 키울 일 없는
생의 껍질 한 겹 벗어 놓고
하산하는 발걸음 한결 가볍다

# 헌집

척추 전문 병원을 찾았다
무너지기 직전의 헌집들이
무리수로 자리를 잡고 있다
반은 비스듬한 기둥들
저마다 부실한 받침목들이다
기우뚱 한쪽으로 기운 헌집
대목장에게 맡기자
손가락 못으로 꾹꾹 눌러본다
주먹망치로 툭툭 쳐서
임시방편으로 곧추 세운다
그가 X선 눈빛으로 훑고 지나서야
부식되었거나 금간 데를 알아낸다
여기저기 보수공사가 끝나면
얼마쯤은 견디며 빗물을 막을 수 있는 집
삐그덕삐그덕 일어서 허리를 편다
처음엔 튼튼하게 지어 이엉 덮었으련만
모진 비바람 한 팔십년 견디다 보니
푹푹 꺼져 골이 지고 닳았나 보다
아직도 얼마간은 그렇게

하늘을 지고 견뎌야 할 집
먹구름 휘몰리는 하늘에서는
소나기 한 줄금 쏟아질 것만 같다

## 절대로와 분명히

절대로와 분명히가 말씨름을 한다 손전화를 분명히 책상 위에 놓았는데 왜 없냐고 시비를 건다 절대로 손 대지 않았다고 받아친다 집안 구석구석 수색이 끝나고 슬그머니 호주머니 속에서 손전화를 발견한 분명히는 '이상하다 책상 위에 놓았는데' 하며 고개를 갸우뚱 출입문을 나선다

기억장애, 청각장애, 시각장애, 언어장애자가 된 그들은 절대로 자신의 장애를 인정하지 않는다 분명히 그렇게 듣고 보고 말했노라고 우긴다 늘 목소리 톤에 따라 승패가 엇갈리기 십상이다

날마다 한두 판씩 벌어지는 말씨름은 절대로 분명히 평온을 되찾는다 누가 물으면 절대로 평생 한 번도 싸운 적 없다고 분명히 말한다 절대로 등 돌리고 입 막고 30분을 못 참는 그들만의 기교다 아파트 옥상에 걸린 하늘이 말그레 휘장을 친다

# 가을나무

밤 산책길 도르르 구르는 마른 낙엽
글씨 없는 편지 한 장 전해주네

그만 놓아야지 하면서 놓지 못하는
잡아야지 하면서도 잡지 못하는
보내야지 하면서도 결코 보내지 못해
머물 듯 머뭇거리다가 가버리리라
갈바람 한 줌 움켜잡지 못하고
겨울이 오기도 전 시린 발꿈치로
아예 붙박이로 남아 떨고 있으리라

살아있음으로 이렇게 떠나는 것
그제도 어제도 앓음, 앓음이더니
알몸이 된 나뭇가지 위에 걸친
유난히 빛나는 초저녁별 하나
기다리다 지쳐 떠나버린 그대 눈빛이네

## 캠핑장의 비애

고층 아파트 몇 동이 한꺼번에 이사를 했는지 각양각색의 텐트가 우후죽순으로 고개를 든다

그는 관리인에게 만 원 짜리 지폐 한 장 건네고 데크에 낡은 손놀림으로 텐트를 꺼내 펼쳐본다

플라스틱 막대가 와르르 쏟아져 나오는데 어느 것이 기둥이고 대들보인지 구분이 없다

X자로 가로로 세로로 끼어 보아도 좀처럼 세울 수 없어 등판이 후끈 달아오른다

바로 옆에서는 팔뚝 굵은 두 아들과 아비가 라면 냄비에 젓가락을 꽂고 있다

꼬르륵 배꼽시계가 점심때를 알리고 궁여지책으로 두 젊은이에게 도움을 청한다

연신 고개만 갸웃갸웃하더니 자신이 없었는지 제 아비를 부른다

아직은 탱글탱글한 그가 만지작거리더니 금세 집 한 채 뚝딱 지어 놓고 배를 쑥욱 내밀며 두 손을 탁탁 턴다

옛 추억을 우물거리는 초로의 씁쓸한 미소가 나뭇가지에 걸려 흔들거리고 해는 중천에서 열기를 더한다

계곡의 시원한 바람도 그를 감당하지 못하는지 피서객들의 얼굴만 벌겋게 달군다

태양도 몇 시간 후면 어둠에 밀린다는 소문을 문 먹구름 몇 덩이가 후르르 햇살을 잘라먹으며 흩어진다

## 뻥설게

태안 앞바다 너른 갯벌에
뻥설게 잡이 한창이다
뽀글뽀글 물거품 품어내는 갯구멍에
막대기 하나 집어넣었다가 쑥 뽑아내면
속살이 탱글탱글한 뻥설게
한치 앞도 예측하지 못하고
뻥뻥 소리와 함께 툭 튀어나온다
등딱지 두꺼우니 누가 감히 해칠까
겁도 없이 설설 기어다니는 것도
그것도 잠시 누리는 자만인가
뻥설게 잡이 사십년 경력이라 뻥치는 아저씨
주섬주섬 망태에 담는다
맑은 물에 설렁설렁 해금을 하고
하얀 튀김가루 뒤집어쓴 후
펄펄 끓는 기름 솥에 뛰어드니
두꺼운 등딱지도 바스락바스락
뻥설게 찾아온 미식가들에게
아삭아삭 씹히고 마는
고소한 뻥설게 튀김 별미 중에 별미라
뻥뻥 터지는 웃음 폭탄
태안 앞바다 갯벌이 들썩인다

## 동백의 군무

고산 윤선도의 발자취 따라
보길도 세연정에 올랐다
수석과 송죽이 어우러진 정자는
모든 시름 접고 시를 읊던
주인의 성품처럼 단아하다

바람도 쉬어가는 한적한 세연지에
숭어리째 떨어진 동백꽃은
유상곡수하던 선비들을 떠올리며
찌거덩 찌거덩 어여차*
꽃배를 띄워놓고 노를 젓는다

옛 모습 그대로 앉아 있는 너럭바위에
은빛 햇살 화사하게 펼쳐놓고
어부사시사를 연주하는 봄바람
무희들 간 데 없는 서대 동대** 에는
한드랑한드랑 동백나무 군무가 한창이다

* 어부사시사 중에서
** 어부사시사에 맞춰 군무를 하던 곳

# 도가니

소의 볼기에 붙어 늘 꼬리의 구박으로 단단해진 나를 사람들은 즐긴다 고소하고 졸깃한 맛에 길들여진 혀는 도가니 같은 입으로 나를 한 점 베어 물 때마다 쫄깃한 육질에 푹 빠지고 만다 그 도가니에 한 번 빠진 자들은 좀처럼 헤어날 수 없다는 소문이 바람을 물고 날아다닌다

작은 마을을 지나는 국도변에는 소문을 잡은 자들의 행렬이 꼬리를 문다 고급 승용차는 다 이곳으로 몰려와 진을 친다 차문이 열리면 이글거리는 중년부터 선글라스로 얼굴을 가린 여인과 손에 끌려나오는 아이와 노인들, 출생연도는 문제가 되지 않는다 단지 나를 질겅질겅 씹을 수만 있으면

아침밥이 채 내려가기도 전 서둘러서 뽑은 번호표 41번 나와 상면한 사람은 16번 나를 만나기 위해서는 번호표를 받고 한 시간 기다리는 것은 기본이다 해서 나의 몸값은 상승세를 탄다 나에게 빠졌다가 나온 사람들은 하나같이 벌개진 얼굴에 땀을 줄줄 흘리면서 이쑤시개를 하나씩 물고 이들이들 문을 나선다

질긴 근육을 자랑하지도 않고 물컹물컹 느끼하지도 않아서 좋단다 하필이면 엉덩이에 붙어 꼬리는 늘 나를 구박하지만 꼬리보다 내가 더 인기다 빠져본 자만이 아는 도가니의 깊은 맛 마루 밑의 삽사리는 온종일 침이 새는데 사람들은 혀의 맛에 푹 빠지고 주인은 신사임당을 넘기는 재미에 푹 빠졌다

## 시인이 죽었다

한 무명 시인이 유통기한을 넘긴 듯
소리 소문도 없이 죽었다
사망 원인은 이미지와 패러독스의 결핍증이다
그것을 치유하기 위해 봄 내내 산야를 돌아다니며
바람에게도 물어보고 민들레 영산홍에게도 물어 보았지만
별다른 특효약을 구하지 못했다
봄바람이 왜 그렇게 부산하게 날아다니는지
꽃은 왜 피었다 지는지 그 속셈을 몰라 죽은 것이다
그의 장례식은 아직 거행되지 않았으며
하얀 국화 화환도 조문객도 오지 않았다
그는 부활을 기다리며 죽은 시혼을 찾아
밤낮을 가리지 않고 수소문해 보지만
누구도 귀띔해 주는 자 없다
아무에게도 부음을 전하지 않았기 때문이다

## 동토의 여름

절대로 무너져 내릴 수 없다고
고집을 부리던 얼음산이 잠에서 깨어난다
도통 마음 열기를 거부하던 그가
서서히 틈을 보이며 속내를 드러낸다
24시간 꺼질 줄 모르고
활활 타오르는 햇살에
산산이 부서져 내리는 빙산
신비의 조각품으로 최후를 장식한다
그것도 잠시 뿐 맨살을 드러내는 늪지
그곳이 툰드라였다는 사실을 잊은 채
꿈틀꿈틀 살아 움직이기 시작한다
긴 겨울을 얼음 속에서 끈질기게 버티더니
파릇파릇 고개를 내밀고 꽃잎을 터뜨린다
후르르 불어오는 바람의 소문을 듣고
제비갈매기, 솜털오리, 긴발톱멧새, 사양소들이 몰려온다
죽은 듯 적막했던 얼음의 나라에 숨통이 트이자
먹이 사슬에 엉켜 술렁이는 바다와 늪지
그 와중에도 오랜만에 찾아온 기회를 놓칠 세라
군데군데 둥지를 틀고 몸 푸느라 북새통이다

사막에는 뼈를 묻지 않았다

**이 선 시집**

발 행 일 | 2014년 6월 23일
지 은 이 | 이 선
발 행 인 | 李憲錫
발 행 처 | 오늘의문학사
출판등록 | 제55호(1993년 6월 23일)

주　　소 | 대전광역시 동구 대전로 867번길 52(삼성동 한밭오피스텔 401호)
전화번호 | (042)624－2980
팩시밀리 | (042)628－2983
홈페이지 | http://www.lito77.co.kr(홈페이지)
전자우편 | hs2980@hanmail.net

공 급 처 | 한국출판협동조합
주문전화 | (070)7119－1752
팩시밀리 | (031)944－8234~6

ISBN 978-89-5669-624-9
값 8,000원